1.re éd.on p.71. Huron – armes de france

ALCESTE
OU
LE TRIOMPHE D'ALCIDE.
TRAGÉDIE.
REPRESENTÉE
PAR L'ACADÉMIE ROYALE
DE MUSIQUE.

Les paroles de Quinault.   *La Musique de Lully.*

On la vend
A PARIS,
A l'entrée de la Porte de l'Académie Royale de Musique,
au Palais Royal.
Imprimée aux dépens de ladite Académie.
Par RENÉ BAUDRY, Imprimeur.

M. DC. LXXIV.
AVEC PRIVILEGE DE SA MAJESTÉ.

L'ACADEMIE ROYALE DE MUSIQUE.

AU ROY.

GLORIEVX CONQVERANT,
PROTECTEVR des beaux Arts,
GRAND ROY, tournez sur moy
Vos Augustes Regards.
Une affreuse saison désole assez la
Terre
Sans y mesler encor les horreurs de la Guerre;
Tandis qu'un froid cruel despoüille les buissons,
Et des Oyseaux tremblants estouffe les chansons,
Escoutez, les Concerts que mon soin vous prépare:

Des fidelles Amours je chante la plus Rare,
Et des Vainqueurs fameux j'ay fait choix entre tous
Du plus Grand que le Monde ait connu jusqu'à Vous.

 Apres avoir couru de Victoire en Victoire
Prenez un doux relâche au comble de la Gloire ;
L'Hyver a beau s'armer de glace & de frimas,
Lors qu'il vous plaist de vaincre Il ne vous retient pas,
Et falut-til forcer mille Obstacles ensemble,
La Moisson des Lauriers se fait quand bon vous semble.

 Pour servir de refuge à des Peuples ingrats
En vain un puissant Fleuve estendoit ses deux Bras,
Ses flots n'ont opposé qu'une foible barriere
A la rapidité de vostre Ardeur guerriere.
Le Batave interdit, apres le Rhein dompté,
A dans son desespoir cherché sa seureté :
A voir par quels Exploits vous commenciez la guerre,
Il n'a point creu d'azile assez fort sur la Terre,
Et de Vostre Valeur le redoutable cours
L'a contraint d'appeller la Mer à son secours.
Laissez-le revenir de ses frayeurs mortelles ;
Laissez-vous preparer des Conquestes nouvelles ;
Et donnez le loisir pour soûtenir Vos Coups
D'armer des Ennemis qui soient dignes de Vous.

Resistez quelque temps à Vostre Impatience,
Prenez part aux douceurs dont vous comblez la Frãce,
Et malgré la chaleur de Vos Nobles Desirs
Endurez le repos & souffrez les plaisirs.

ACTEURS
DU PROLOGUE.

LA NYMPHE DE LA SEINE.
LA GLOIRE.
SVITE DE LA GLOIRE.
LA NYMPHE DES THUILERIES.
TROVPE de Naïades & d'Hamadriades.
LA NYMPHE DE LA MARNE.
TROVPE de Divinitez de Fleuves.
LES PLAISIRS.

La Scene du Prologue est sur les bords de la Seine, dans les Iardins des Thuileries.

ACTEURS DE LA TRAGEDIE.

CHOEUR DES THESSALIENS.
ALCIDE ou HERCULE.
LYCHAS. Confident d'Alcide.
STRATON. Confident de Licomede.
CEPHISE. Confidente d'Alceste.
LICOMEDE. Frere de Thétis, & Roy de l'Isle de Sciros.
PHERES. Pere d'Admete.
ADMETE. Roy de Thessalie.
CLEANTE. Escuyer d'Admete.
ALCESTE. Princesse d'Yolcos.
Pages & Suivants.
TROVPE de Divinitez de la Mer.
TROVPE de Matelots.
THETIS. Nereïde.
QVATRE AQVILONS.
EOLE. Roy des Vents.
QVATRE ZEPHIRS.
TROVPE de Soldats de Licomede.
TROVPE de Soldats Thessaliens.
APOLLON.
LES ARTS.
TROVPE de Femmes affligées.
TROVPE d'Hommes désolez.
DIANE.

MERCURE.
CHARON.
LES OMBRES.
PLUTON.
PROSERPINE.
L'OMBRE D'ALCESTE.
SVIVANTS DE PLVTON, Chantans, Dançans & Volanti.
ALECTON. L'une des Furies.
CHOEVR des Peuples de la Grece.
LES NEVF MVSES.
LES IEVX.
TROVPE de Bergers & de Bergeres.
TROVPE de Pastres.

LE RETOUR
DES PLAISIRS
PROLOGUE.

LE Théatre represente le Palais & les Jardins des Thuileries; La Nymphe de la Seine paroist apuyée sur une Urne au milieu d'une Allée dont les Arbres sont separez par des Fôtaines.

LA NYMPHE DE LA SEINE.

LE HEROS que j'attens ne reviendra-til pas?
Serai-je toûjours languissante
Dans une si cruelle attente?
Le HEROS que j'attens ne reviendra-til pas?
On n'entend plus d'Oyseau qui chante,
On ne voit plus de Fleurs qui naissent sous nos pas.
Le HEROS que j'attends ne reviendra-til pas?
L'herbe naissante
Paroist mourante,
Tout languit avec moy dans ces lieux pleins d'appas.
Le HEROS que j'attens ne reviendra-til pas?
Serai-je toûjours languissante

A

Dans une si cruelle attente ?
Le HEROS *que j'attens ne reviendra-til pas ?*

Quel bruit de guerre m'épouvante ?
Quelle Divinité va descendre icy bas ?

La Gloire paroist au milieu d'vn Palais brillant qui descend au bruit d'une harmonie guerriere.

LA NYMPHE DE LA SEINE.

Helas ! superbe Gloire, helas !
Ne dois-tu point estre contente ?
Le HEROS *que j'attens ne reviendra-til pas ?*
Il ne te suit que trop dans l'horreur des Combats;
Laisse en paix un moment sa Valeur triomphante.
Le HEROS *que j'attens ne reviendra-til pas ?*
Serai-je toûjours languissante
Dans une si cruelle attente ?
Le HEROS *que jattens ne reviendra-til pas ?*

LA GLOIRE.

POurquoy tant murmurer ? Nymphe, ta plainte est vaine,
Tu ne peux voir sans moy le HEROS *que tu sers;*
Si son éloignement te couste tant de peine,
Il recompense assés les douceurs que tu pers ;
Voy ce qu'il fait pour toy quand la Gloire l'emmeine;
Voy comme sa Valeur a soûmis à la Seine
Le Fleuve le plus fier qui soit dans l'Vnivers.

LA NYMPHE DE LA SEINE.

On ne voit plus icy paraiſtre
Que des Ornements imparfaits;
Ah! rends-nous noſtre AUGUSTE MAISTRE,
Tu nous rendras tous nos attraits.

LA GLOIRE.

Il revient, & tu dois m'en croire;
Ie luy ſers de guide avec ſoin :
Puiſque tu vois la Gloire
Ton HEROS *n'eſt pas loin.*
Il laiſſe reſpirer tout le Monde qui tremble;
Soyons icy d'accord pour combler ſes deſirs.

LA GLOIRE ET LA NYMPHE DE LA SEINE.

Qu'il eſt doux d'accorder enſemble
La Gloire & les Plaiſirs.

LA NYMPHE DE LA SEINE.

Nayades, Dieux des Bois, Nymphes, que tout s'aſ-
ſemble.
Qu'on entende nos chants apres tant de ſoûpirs.

La Nymphe des Thuileries s'avance avec vne troupe de Nymphes qui dancent, les Arbres ouvrent & font voir des Divinitez Champeſtres qui joüent de differents Inſtruments, & les Fontaines ſe changent en Nayades qui chantent.

A ij

LE CHOEUR.

Qu'il est doux d'accorder ensemble
La Gloire & les Plaisirs.

LA NYMPHE DES THUILERIES.

L'Art d'accord avec la Nature
Sert l'Amour dans ces lieux charmants:
Ces Eaux qui font resver par un si doux murmure,
Ces Tapis où les Fleurs forment tant d'ornements,
Ces Gazons, ces Lits de verdure,
Tout n'est fait que pour les Amants.

La Nymphe de la Marne Compagne de la Seine vient chanter au milieu d'une troupe de Divinitez de Fleuves qui témoignét leur joye par leur dance.

LA NYMPHE DE LA MARNE.

L'Onde se presse
D'aller sans cesse
Iusqu'au bout de son cours:
S'il faut qu'un Cœur suive une pante,
En est-il qui soit plus charmante
Que le doux penchant des Amours?

LA GLOIRE ET LA NYMPHE DE LA SEINE.

Que tout retentisse:
Que tout réponde à nos voix:

LA NYMPHE DES THUILERIES.

Que tout fleurisse
Dans nos Iardins & dans nos Bois.

La Nymphe de la Marne.

*Que le Chant des Oyseaux s'unisse
Avec le doux son des Haut-bois.*

Tous Ensemble.

*Que tout retentisse,
Que tout réponde à nos voix.
Que le chant des Oyseaux s'unisse
Avec le doux son des Haut-bois.
Que tout retentisse
Que tout réponde à nos voix.*

Les Divinitez de Fleuves & les Nymphes forment une dance générale tandis que tous les Instruments & toutes les Voix s'unissent.

Tous Ensemble.

*Quel Cœur sauvage
Icy ne s'engage?
Quel Cœur sauvage
Ne sent point l'amour?
Nous allons voir les Plaisirs de retour;
Ne manquons pas d'en faire un doux usage:
Pour rire un peu, l'on n'est pas moins sage.*

*Ah quel dommage
De fuir ce rivage!
Ah quel dommage
De perdre un beau jour!*

Nous allons voir les Plaisirs de retour;
Ne manquons pas d'en faire un doux usage:
Pour rire un peu, l'on n'est pas moins sage.
Revenez Plaisirs exilez;
Volez, de toutes parts, volez.

Les Plaisirs volent, & viennent preparer des Divertissements.

Fin du Prologue.

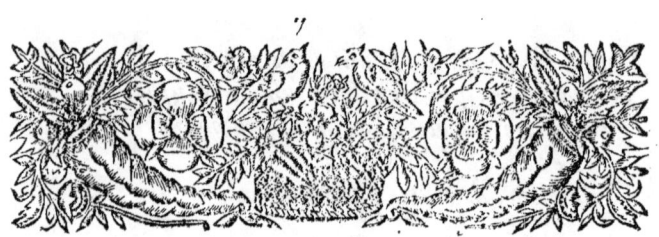

ACTE PREMIER.

La Scene est dans la Ville d'Yolcos en Thessalie.

Le Theatre represente un Port de Mer, ou l'on void un grand Vaisseau orné & preparé pour une Feste galante au milieu de plusieurs Vaisseaux de guerre.

SCENE PREMIERE.

LE CHOEUR DES THESSALIENS,
ALCIDE, LYCAS.

LE CHOEUR.

VIVEZ, vivez, heureux Espoux.

LYCHAS.

Vostre Amy le plus cher espouze la Princesse
La plus charmante de la Grece,
Lors que chacun les suit, Seigneur, les fuyez-vous?

LE CHOEUR.

Vivez, vivez, heureux Espoux.

LYCHAS.

Vous paroissez troublé des cris qui retentissent?
Quand deux Amants heureux s'vnissent
Le Chœur du grand Alcide en seroit-il jaloux?

LE CHOEUR.

Vivez, vivez, heureux Espoux.

LICHAS.

Seigneur, vous soûpirez, & gardez le silence?

ALCIDE.

Ah Lichas, laisse moy partir en diligence.

LICHAS.

Quoy dés ce mesme jour presser vostre départ?

ALCIDE.

J'auray beau me presser je partiray trop tard.
Ce n'est point avec toy que je pretens me taire;
Alceste est trop aimable, elle a trop sçeu me plaire;
Un autre en est aimé, rien ne flatte mes vœux,
C'en est fait, Admete l'espouze,
Et c'est dans ce moment qu'on les unit tous deux.
Ah qu'vne ame jalouse
Esprouve un tourment rigoureux!
J'ay peine à l'exprimer moy-mesme :
Figure toy, si tu le peux,
Qu'elle est l'horreur extresme
De voir ce que l'on aime
Au pouvoir d'un Rival heureux.

LYCHAS.

LYCHAS.
L'Amour est-il plus fort qu'un HEROS indomptable?
L'Univers n'a point eû de Monstre redoutable
  Que vous n'ayez pû surmonter.
ALCIDE.
Eh crois-tu que l'Amour soit moins à redouter?
  Le plus grand Cœur a sa foiblesse.
Je ne puis me sauver de l'ardeur qui me presse
  Qu'en quittant ce fatal Sejour:
    Contre d'aimables charmes
    La Valeur est sans armes,
Et ce n'est qu'en fuyant qu'on peut vaincre l'Amour.
LYCHAS.
Vous devez vous forcer, au moins, à voir la Feste
Qui déja dans ce Port vous paroist toute preste.
Vostre suite à present feroit un trop grand bruit;
  Differez jusques à la nuit.
ALCIDE.
Ah Lychas! quelle nuit! ah quelle nuit funeste!
LYCHAS.
Tout le reste du jour voyez encore Alceste.
ALCIDE.
La voir encore? . . . hebien, differons mon départ,
Je te l'avois bien dit, je partiray trop tard.
Je vais la voir aimer un Espoux qui l'adore,
Je verray dans leurs yeux un tendre empressement;
B

Que je vais payer cherement
Le plaisir de la voir encore!

SCENE SECONDE.

ALCIDE, STRATON & LYCHAS
ensemble.

L'Amour a bien des maux, mais le plus grand de tous
  C'est le tourment d'estre jaloux.

SCENE TROISIEME.

STRATON, LYCHAS.

STRATON.

LYCHAS, j'ay deux mots à te dire.
LYCHAS.
Que veux-tu? parle; je t'entends.
STRATON.
Nous sommes amis de tout temps;
Céphise, tu le sçais, me tient sous son Empire.
Tu suis par tout ses pas: qu'est-ce que tu pretens?

LYCHAS.
Je pretens rire.
STRATON.
Pourquoy veux-tu troubler deux Cœurs qui sont contents?
LYCHAS.
Je pretens rire.
Tu peux à ton gré t'enflamer;
Chacun à sa façon d'aimer;
Qui voudra soûpirer, soûpire,
Je pretens rire.
STRATON.
J'aime, & je suis aimé : laisse en paix nos amours.
LYCHAS.
Rien ne doit t'allarmer s'il est bien uray qu'on t'aime
Un Rival rebutté donne un plaisir extresme.
STRATON.
Un Rival quel qu'il soit importune toûjours.
LYCHAS.
Je voy ton amour sans colere,
Tu deurois en user ainsi :
Puisque Céphise t'a sceu plaire,
Pourquoy ne veux-tu pas qu'elle me plaise aussi?
STRATON.
A quoy sert-il d'aimer ce qu'il faut que l'on quitte?

B ij

Tu ne peux demeurer long-temps dans cette Cour.
LYCHAS.
Moins on a de momens à donner à l'Amour
Et plus il faut qu'on en profite.
STRATON.
J'aime depuis deux ans avec fidelité :
Ie puis croire, sans vanité,
Que tu ne dois pas estre un Rival qui m'alarme.
LYCHAS.
J'ay pour moy la nouveauté,
En amour c'est un grand charme.
STRATON.
Céphise m'a promis un cœur tendre, & constant.
LYCHAS.
Céphise m'en promet autant.
STRATON.
Ah si je le croyois ! . . . Mais tu n'és pas croyable.
LYCHAS.
Croy-moy, fais ton profit d'un reste d'amitié,
Sers-toy d'un avis charitable
Que je te donne par pitié.
STRATON.
Le mespris d'un volage
Doit estre un assez grand mal,
Et c'est un nouvel outrage

Que la pitié d'vn Rival.

Elle vient, l'Infidelle,
Pour chanter dans les Ieux dont je prens soins icy.

LYCHAS.

Ie te laisse avec elle,
Il ne tiendra qu'à toy d'estre mieux éclaircy.

SCENE QUATRIE'ME.

CEPHISE, STRATON.

CEPHISE.

DANS *ce beau jour, quelle humeur sombre*
Fais-tu voir à contre-temps ?

STRATON.

C'est que je ne suis pas du nombre
Des Amants qui sont contents.

CEPHISE.

Vn ton grondeur & severe
N'est pas un grand agrément ;
Le chagrin n'avance guere
Les affaires d'un Amant.

STRATON.

Lychas vient de me faire entendre

Que je n'ay plus ton cœur, qu'il doit seul y pretendre,
Et que tu ne vois plus mon amour qu'à regret?

CEPHISE.

Lychas est peu discret...

STRATON.

Ah je m'en doutois bien qu'il vouloit me surprendre.

CEPHISE.

Lychas est peu discret
D'avoir dit mon secret.

STRATON.

Coment! il est donc vray! tu n'en fais point d'excuse?
Tu me trahis ainsi sans en estre confuse?

CEPHISE.

Tu te plains sans raison;
Est-ce une trahison
Quand on te desabuse?

STRATON.

Que je suis estonné de voir ton changement!

CEPHISE.

Si je change d'Amant
Qu'y trouves-tu d'étrange?
Est-ce un sujet d'estonnement
De voir une Fille qui change?

STRATON.

Apres deux ans passez, dans un si doux lien,
Devois-tu jamais prendre une chaine nouvelle.

CEPHISE.

Ne contes-tu pour rien
D'estre deux ans fidelle ?

STRATON.

Par un espoir doux, & trompeur,
Pourquoy m'engageois-tu dans un amour si tendre ?
Faloit-il me donner ton cœur
Puis que tu voulois le reprendre ?

CEPHISE.

Quand je t'offrois mon cœur, c'estoit de bonne foy
Que n'empesche-tu qu'on te l'oste ?
Est-ce ma faute
Si Lychas me plaist plus que toy ?

STRATON.

Ingrate, est-ce le prix de ma perseverance ?

CEPHISE.

Essaye un peu de l'inconstance :
C'est toy qui le premier m'apris à m'engager,
Pour recompense
Je te veux aprendre à changer.

STRATON & CEPHISE.

Il faut {aimer / changer} toûjours.
Les plus douces amours
Sont les amours {fidelles / nouvelles}
Il faut {aimer / changer} toûjours.

SCENE CINQUIÉME.

LICOMEDE, STRATON, CEPHISE.

LICOMEDE.

STRATON donne ordre qu'on s'aprefte
  Pour commencer la Feste.

Straton se retire, & Licomede parle à Céphise.

Enfin, grace au depit, je gouste la douceur
De sentir le repos de retour dans mon cœur.
l'estois à preferer au Roy de Thessalie ;
 Et si pour sa gloire on publie
Qu' Apollon autrefois luy servit de Pasteur,
Ie suis Roy de Scyros, & Thétis est ma Sœur.
l'ay sçeu me consoler d'un himen qui m'outrage,
l'en ordonne les Ieux avec tranquilité.

Qu'ai-

Qu'aisément le dépit dégage
Des fers d'une ingrate Beauté!
Et qu'apres un long esclavage
Il est doux d'estre en liberté!
CEPHISE.
Il n'est pas seur toûjours de croire l'apparence:
Un Cœur bien pris, & bien touché,
N'est pas aisément détaché,
Ny si tost guery que l'on pense;
Et l'Amour est souvent caché
Sous une feinte indifference.
LICOMEDE.
Quand on est sans esperance,
On est bien tost sans amour.
Mon Rival a la preference,
Ce que j'aime est en sa puissance,
Ie perds tout espoir en ce jour:
Quand on est sans esperance
On est bien tost sans amour.

Voicy l'heure qu'il faut que la Feste commence.
Chacun s'avance.
Preparons-nous.

SCENE SIXIÉME.

LE CHOEUR, ADMETE, ALCESTE, PHERES, ALCIDE, LYCAS, CEPHISE, & STRATON.

LE COEUR.

Vivez, vivez, heureux Espoux.

PHERES.

Ioüissez des douceurs du nœud qui vous assemble.

ADMETE & ALCESTE.

Quand l'Himen & l'Amour sont bien d'accord ensemble,
 Que les nœuds qu'ils forment sont doux!

LE CHOEUR.

Vivez, vivez, heureux Espoux.

SCENE SEPTIEME.

Des Nymphes de la Mer, & des Tritons, viennent faire une Feste Marine, ou se meslent des Matelots, & des Pescheurs.

DEUX TRITONS.

soit en perso Malgré tant d'orages,

Et tant de naufrages,
Chacun à son tour
S'embarque avec l'Amour.
Par tout où l'on meine
Les Cœurs amoureux,
On voit la Mer pleine
D'Escueils dangereux,
Mais sans quelque peine
On n'est jamais heureux :
Une ame constante
Apres la tourmente
Espere un beau jour.
Malgré tant d'orages,
Et tant de naufrages,
Chacun à son tour
S'embarque avec l'Amour.

Un Cœur qui differe
D'entrer en affaire
S'expose à manquer
Le temps de s'embarquer,
Une ame commune
S'estonne d'abord,
Le soin l'importune,
Le calme l'endort,
Mais quelle fortune
Fait-on sans quelque effort ?
Est-il un commerce

,Exempt de traversé?
Chacun doit risquer.
Un Cœur qui differe
D'entrer en affaire,
S'expose à manquer
Le temps de s'embarquer.

Céphise vestuë en Nymphe de la Mer, chante au milieu des Divinitez Marines qui luy respondent.

Ieunes Cœurs laissez vous prendre
Le peril est grand d'attendre
Vous perdez d'heureux moments
En cherchant à vous defendre ;
Si l'Amour a des tourments
C'est la faute des Amants.

Une Nymphe de la Mer chante avec Céphise.

Plus les Ames sont rebelles
Plus leurs peines sont cruelles,
Les plaisirs doux & charmants
Sont le prix des Cœurs fidelles :
Si l'Amour a des tourments
C'est la faute des Amants.

LICOMEDE A ALCESTE.

On vous apreste
Dans mon Vaisseaux
Un divertissement nouveau.

LICOMEDE, & STRATON.
Venez voir ce que nostre Feste
Doit avoir de plus beau.

Licomede conduit Alceste dans son Vaisseau, Straton y meine Céphise, & dans le temps qu'Admete & Alcide y veulent passer, le Pont s'enfonce dans la Mer.

ADMETE, & ALCIDE.
Dieux! le Pont s'abisme dans l'eau.

LE COEUR DES THESSALIENS.
Ah quelle trahison funeste.

ALCESTE, & CÉPHISE.
Au secours, au secours.

ALCIDE.
Perfide...

ADMETE.
Alceste...

ALCIDE, & ADMETE.
Laissons les vains discours.
Au secours, au secours.

Les Thessaliens courent s'embarquer pour suivre Licomede.

LE CHOEUR DES THESSALIENS.
Au secours! au secours.

SCENE HUITIE'ME.

THETHIS, ADMETE.

THETIS sortant de la Mer.

Espoux infortuné redoute ma colere,
Tu vas haster l'instant qui doit finir tes jours;
C'est Thétis que la Mer revere,
Que tu vois contre toy du party de son Frere;
Et c'est à la mort que tu cours.

ADMETE courant s'embarquer.

Au secours, au secours.

THETIS.

Puis qu'on mesprise ma puissance
Que les Vents deschainez,
Que les Flots mutinez,
S'arment pour ma vengeance.

Thétis rentre dans la Mer, & les Aquilons excitent une tempeste qui agite les Vaisseaux qui s'efforcent de poursuivre Licomede.

SCENE NEUFIEME

EOLE, LES AQUILONS, LES ZEPHIRS.

EOLE.

LE Ciel protege les Heros:
Allez Admete, allez Alcide;
Le Dieu qui sur les Dieux preside
M'ordonne de calmer les Flots.
Allez poursuivez un Perfide.

Retirez-vous
Vents en couroux,
Rentrez dans vos prisons profondes:
Et laissez regner sur les ondes
Les Zephirs les plus doux.

L'orage cesse, les Zephirs volent & font fuïr les Aquilons qui tombent dans la Mer avec les nuages qu'ils en avoient élevez, & les Vaisseaux d'Alcide & d'Amete poursuivent Licomede.

Fin du premier Acte.

ACTE SECOND.

La Scene est dans l'Isle de Scyros, & le Theatre represente la Ville principale de l'Isle.

SCENE PREMIERE.

CEPHISE, STRATON.

CEPHISE.

Lceste ne vient point, & nous devons attendre.
STRATON.
Que peut-elle pretendre?
Pourquoy se tourmenter icy mal à propos?
Ses cris ont beau se faire entendre,
Peut-estre son Espoux a peri dans les flots,
Et nous sommes enfin dans l'Isle de Scyros.
CEPHISE.
Tu ne te plaindras point que j'en use de mesme;
Je t'ay donné peu d'embarras,

Tu vois

Tu vois comme je suis tes pas.
STRATON.
Tu sçais dissimuler une colere extresme.
CEPHISE.
Et si je te disois que c'est toy seul que j'ayme ?
STRATON.
Tu le dirois en vain je ne te croirois pas.
CEPHISE.

Croy moy , si j'ay feint de changer
C'estoit pour te mieux engager.

Un Rival n'est pas inutile,
Il réveille l'ardeur & les soins d'vn Amant ;
Une conqueste facile
Donne peu d'empressement,
Et l'Amour tranquile
S'endort aisément.
STRATON.
Non, non, ne tente point une seconde ruse,
Ie voy plus clair que tu ne crois.
On excuse d'abord un Amant qu'on abuse,
Mais la sotise est sans excuse
De se laisser tromper deux fois.
CEPHISE.
N'est-il aucun moyen d'apaiser ta colere ?

STRATON.
Confens à m'espouser & sans retardement.
CEPHISE.
Une si grande affaire
Ne se fait pas si promptement
Vn Himen qu'on differe
N'en est que plus charmant.
STRATON.
Un Himen qui peut plaire
Ne couste guére,
Et c'est un nœud bien tost formé ;
Rien n'est plus aisé que de faire
Un Espoux d'un Amant aimé.
CEPHISE.
Ie t'aime d'une amour sincere ;
Et s'il est necessaire,
Ie m'offre à t'en faire un serment.
STRATON.
Amusement, amusement.
CEPHISE.
L'injuste enlevement d'Alceste
Attire dans ces lieux une guerre funeste,
Les plus braves des Grecs s'arment pour son secours:
Au milieu des cris & des larmes,
L'Himen a peu de charmes ;
Attendons de tranquiles jours :

Le bruit affreux des armes
Effarouche bien les Amours.

STRATON.

Discours, discours, discours.
Tu n'as qu'à m'espouser pour m'oster tout ombrage,
Pourquoy differer d'avantage?
A quoy servent tant de façons?

CEPHISE.

Rends moy la liberté pour m'espouser sans crainte;
Un Himen fait avec contrainte
Est un mauvais moyen de finir tes soupçons.

STRATON.

Chansons, chansons, chansons.

SCENE SECONDE.

LICOMEDE, ALCESTE, STRATON
CEPHISE, Soldats de Licomede.

LICOMEDE.

Allons, allons, la plainte est vaine.

ALCESTE.

Ah quelle rigueur inhumaine!

LICOMEDE.

Allons, je suis sourd à vos cris,

D ij

Ie me vange de vos mespris.

ALCESTE.

Quoy vous serez inexorable ?

LICOMEDE.

Cruelle, vous m'avez apris
A devenir impitoyable.

ALCESTE.

Est-ce ainsi que l'Amour a sçeu vous émouvoir ?
Est-ce ainsi que pour moy vostre ame est attendrie ?

LICOMEDE.

L'Amour se change en Furie
Quand il est au desespoir.
Puis que je perds toute esperance,
Ie veux desesperer mon Rival à son tour ;
Et les douceurs de la Vengeance
Ont dequoy consoler des rigueurs de l'Amour.

ALCESTE.

Voyez la douleur qui m'accable.

LICOMEDE.

Vous avez sans pitié regardé ma douleur.
Vous m'avez rendu miserable
Vous partagerez mon mal-heur.

ALCESTE.

Admete avoit mon cœur déz ma plus tendre enfance ;
Nous ne connoissions pas l'Amour ny sa puissance,

Lors que d'vn nœud fatal il vint nous enchaifner:
Ce n'eſt pas une grande offence
Que le refus d'un cœur qui n'eſt plus à donner.

LICOMEDE.

Eſt-ce aux Amants qu'on defeſpere
A devoir rien examiner
Non je ne puis vous pardonner
D'avoir trop ſçeu me plaire.
Que ne m'ont point couſté vos funeſtes attraits!
Ils ont mis dans mon cœur vne cruelle flame,
Ils ont arraché de mon ame
L'innocence, & la paix.
Non, Ingrate, non, Inhumaine,
Non, quelle que ſoit voſtre peine,
Non, je ne vous rendray jamais
Tous les maux que vous m'avez faits.

STRATON.

Voicy l'Ennemy qui s'avance
En diligence.

LICOMEDE.

Preparons-nous
A nous deffendre.

ALCESTE.

Ah Cruel, que n'eſpargnez vous
Le ſang qu'on va reſpandre!

LYCOMEDE & ſes Soldats.
Periſſons tous
Plûtoſt que de nous rendre.

Licomede contraint Alceſte d'entrer dans la Ville, Céphiſe la ſuit, & les Soldats de Licomede ferment la Porte de la Ville auſſi toſt qu'ils y ſont entrez.

SCENE TROISIE'ME.

ADMETE, ALCIDE, LYCHAS, Soldats aſſiegeans.

ADMETE, & ALCIDE.

MARCHEZ, *marchez, marchez.*
Aprochez, Amis, aprochez
Marchez, marchez, marchez.
Haſtons nous de punir des Traiſtres,
Rendons nous Maiſtres
Des Murs qui les tiennent cachez:
Marchez, marchez, marchez.

SCENE QUATRIEME.

LICOMEDE, STRATON, Soldats assiegez.
ADMETE, ALCIDE, LYCHAS, Soldats
assiegeans.

LICOMEDE, sur les Rempars.

NE pretendez pas nous surprendre,
Venez, nous allons vous attendre :
Nous ferons tous nostre devoir
Pour vous bien recevoir

STRATON, & les Soldats assiegez.

Nous ferons tous nostre devoir
Pour vous bien recevoir.

ADMETE.

Perfide, évite vn sort funeste,
On te pardonne tout si tu veux rendre Alceste.

LICOMEDE.

J'ayme mieux mourir, s'il le faut.
Que de ceder jamais cét Objet plein charmes.

ADMETE & ALCIDE.

A l'assaut, à l'assaut.

LICOMEDE, & STRATON.

Aux armes, aux armes.

LES ASSIEGEANS,
A l'assaut, à l'assaut.
LES ASSIEGEZ.
Aux armes, aux armes.
ADMETE ALCIDE, & LICOMEDE.
A moy, Compagnons, à moy.
ADMETE, & LICOMEDE.
A moy, suivez vostre Roy.
ALCIDE.
C'est Alcide
Qui vous guide.
ADMETE, ALCIDE, & LICOMEDE.
A moy, Compagnons, à moy.

On fait avancer des Beliers & autres Machines de guerre pour battre la Place.

TOUS ENSEMBLE.
Donnons, donnons, de toutes parts.
LES ASSIEGEANS.
Que chacun à l'envy combatte.
Que l'on abatte
Les Tours, & les Remparts.
TOUS ENSEMBLE.
Donnons, donnons de toutes parts.

LES ASSIEGEZ.

Que les Ennemis, pesle mesle,
Trébuchent sous l'affreuse gresle
De nos fléches, & de nos dards.

TOUS.

Donnons, donnons de toutes parts.
Courage, courage, courage,
Ils sont à nous, ils sont à nous.

ALCIDE.

C'est trop disputer l'avantage,
Je vais vous ouvrir un passage,
Suivez moy tous, suivez moy tous.

TOUS ENSEMBLE.

Courage, courage, courage,
Ils sont à nous, ils sont à nous.

Les Assiegez voyant leurs Remparts à demy abattus, & la Porte de la Ville enfoncée, font un dernier effort dans une sortie pour repousser les Assiegeans.

LES ASSIEGEANS.

Achevons d'emporter la Place;
L'Ennemy commence à plier.
Main basse, main basse, main basse.

LES ASSIEGEZ rendans les Armes.
   Quartier, quartier, quartier.

LES ASSIEGEANS.
La Ville est prise.
LES ASSIEGEZ.
Quartier, quartier, quartier.
LYCHAS terrassant STRATON.
Il faut rendre Céphise.
STRATON.
*Ie suis ton prisonnier,
Quartier, quartier, quartier.*

SCENE CINQUIEME.

PHERES armé, & marchant avec peine.

Courage Enfants, je suis à vous;
Mon bras va seconder vos coups:
Mais c'en est desja fait & l'on a pris la Ville;
La foiblesse de l'âge a retardé mes pas:
  La Valeur dévient inutile
  Quand la force n'y respond pas.

  Que la vieillesse est lente,
  Les efforts qu'elle tente
  Sont toûjours impuissants:
C'est une charge bien pesante
Qu'un fardeau de quatre-vingts ans.

SCENE SIXIEME.

ALCIDE, ALCESTE, CEPHISE, PHERES,
LYCHAS, STRATON enchaîsné.

ALCIDE A PHERES.

Rendez à voſtre Fils cette aimable Princeſſe.
PHERES.
Ce don de voſtre main feroit encor plus doux.
ALCIDE.
Allez, allez la rendre à ſon heureux Eſpoux.
ALCESTE.
Tout eſt ſoûmis, la guerre ceſſe;
Seigneur, pourquoy me laiſſez-vous?
Quel nouveau ſoin vous preſſe?
ALCIDE.
Vous n'avez rien à redouter,
Ie vais chercher ailleurs des Tirans à dompter.
ALCESTE.
Les nœuds d'vne Amitié preſſante
Ne retiendront-ils point voſtre Ame impatiente?
Et la Gloire toûjours vous doit-elle emporter?
ALCIDE.
Gardez-vous bien de m'arreſter.

ALCESTE.

C'est vostre Valeur triomphante
Qui fait le sort charmant que nous allons goûter;
Quelque douceur que l'on ressente,
Un Amy tel que vous l'augmente,
Voulez-vous si tost nous quitter?

ALCIDE.

Gardez-vous bien de m'arrester.
Laissez, laissez moy fuir un charme qui m'enchante;
Non, toute ma vertu n'est pas assez puissante
Pour respondre d'y resister.
Non, encore une fois, Princesse trop charmante,
Gardez-vous bien de m'arrester.

SCENE SEPTIE'ME.

ALCESTE, PHERES, CEPHISE.

A TROIS.

Cherchons Admete promptement.

ALCESTE.

Peut-on chercher ce qu'on aime
Avec trop d'empressement!
Quand l'amour est extresme,
Le moindre esloignement
Est un cruel tourment.

ALCESTE, PHERES, & CEPHISE.
Cherchons Admete promptement.

SCENE HUITIE'ME.

ADMETE blessé, CLEANTE, ALCESTE, PHERES, CEPHISE, Soldats.

ALCESTE.

O *Dieux! quel spectacle funeste?*
CLEANTE.
Le Chef des Ennemis mourant, & terrassé,
De sa rage expirante a ramassé le reste,
Le Roy vient d'en estre blessé.

ADMETE.
Ie meurs, charmante Alceste,
Mon sort est assez doux
Puis que je meurs pour vous.

ALCESTE.
C'est pour vous voir mourir que le Ciel me délivre!

ADMETE.
Avec le nom de vostre Espoux
J'eusse esté trop heureux de vivre:
Mon sort est assez doux

Puis que je meurs pour vous.

ALCESTE.

Eſt-ce là cét Himen ſi doux, ſi plein d'appas,
 Qui nous promettoit tant de charmes?
Faloit-il que ſi toſt l'aveugle ſort des armes
Tranchaſt des nœuds ſi beaux par un affreux treſpas?
Eſt-ce là cét Himen ſi doux, ſi plein d'appas,
 Qui nous promettoit tant de charmes?

ADMETE.

Belle Alceſte ne pleurez pas,
 Tout mon ſang ne vaut point vos larmes.

ALCESTE.

Eſt-ce là cét Himen ſi doux, ſi plein d'appas,
 Qui nous promettoit tant de charmes?

ADMETE.

Alceſte, vous pleurez.

ALCESTE.

Admete, vous mourez.

ADMETE & ALCESTE enſemble.

Alceſte, vous pleurez;
Admete, vous mourez.

ALCESTE.

Se peut-il que le Ciel permette,
Que les cœurs d'Alceſte & d'Admete
 Soient ainſi ſeparez?

ADMETE, & ALCESTE.

Alceste, vous pleurez,
Admete, vous mourez.

SCENE NEVFIEME

APOLLON, LES ARTS, ADMETE,
ALCESTE, PHERES, CEPHISE,
CLEANTE, Soldats.

APOLLON environné des Arts.

LA Lumiere aujourd'huy te doit eſtre ravie ;
Il n'eſt qu'vn ſeul moyen de prolonger ton ſort;
Le Deſtin me promet de te rendre à la vie,
Si quelqu' Autre pour toy veut s'offrir à la mort.
Reconnoiſt ſi quelqu'un t'aime parfaitement ;
Sa mort aura pour prix une immortelle gloire :
Pour en conſerver la memoire
Les Arts vont élever un pompeux Monument.

Les Arts qui ſont autour d'Apollon ſe ſeparent
ſur des Nuages differents, & tous deſcendent
pour élever un Monument ſuperbe, tandis qu'-
Apollon s'envole.

Fin du ſecond Acte.

ACTE TROISIEME

Le Theatre est un grand Monument élevé par les Arts. Un Autel vuide paroist au milieu pour servir à porter l'Image de la personne qui s'immolera pour Admete.

SCENE PREMIERE.

ALCESTE, PHERES, CEPHISE.

ALCESTE.

AH pourquoy nous separez-vous?
Eh du moins attendez que la Mort nous separe;
Cruels, qu'elle pitié barbare
Vous presse d'arracher Alceste à son Espoux?
Ah pourquoy nous separez-vous?

PHERES & CEPHISE.

Plus vostre Espoux mourāt voit d'amour, & d'appas,
Et plus le jour qu'il perd luy doit faire d'envie:

Ce sont les douceurs de la vie
Qui font les horreurs du trépas.

ALCESTE.

Les Arts n'ont point encore achevé leur ouvrage;
Cét Autel doit porter la glorieuse Image
De qui signalera sa foy
En mourant pour sauver son Roy.

Le prix d'une gloire immortelle
Ne peut-il toucher un grand Cœur?
Faut-il que la Mort la plus belle
Ne laisse pas de faire peur?

A quoy sert la foule importune
Dont les Roys sont embarassez?
Un coup fatal de la Fortune
Escarte les plus empressez.

ALCESTE, PHERES, & CEPHISE.

De tant d'Amis qu'avoit Admete
Aucun ne vient le secourir;
Quelque honneur qu'on promette
On le laisse mourir.

PHERES.

J'aime mon Fils, je l'ay fait Roy;
Pour prolonger son sort je mourrois sans effroy,
Si je pouvois offrir des jours dignes d'envie;
Ie n'ay plus qu'un reste de vie
Ce n'est rien pour Admete, & c'est beaucoup pour moy.

CEPHISE.

Les Honneurs les plus éclatants
En vain dans le Tombeau promettent de nous suivre;
La Mort est affreuse en tout temps:
Mais peut-on renoncer à vivre
Quand on n'a vescu que quinze ans?

ALCESTE.

Chacun est satisfait des excuses qu'il donne:
Cependant on ne voit personne
Qui pour sauver Admette ose perdre le jour;
Le Devoir, l'Amitié, le Sang, tout l'abandonne,
Il n'a plus d'espoir qu'en l'Amour.

SCENE SECONDE.

PHERES, LE CHOEUR, CLEANTE.

PHERES.

Voyons encor mon Fils, allons, hastons nos pas
Ses yeux vont se couvrir d'eternelles tenebres.

LE CHOEUR.

Helas! helas! helas!

PHERES.

Quels cris! quelles plaintes funebres!

LE CHOEUR.

Helas! helas! helas!

PHERES.

Où vas-tu? Cleante, demeure.
CLEANTE.

Helas! helas!
Le Roy touche à sa derniere heure,
Il s'affoiblit, il faut qu'il meure,
Et je viens pleurer son trespas
Helas! helas!
LE CHOEUR.

Helas! helas! helas!
PHERES.

On le plaint, tout le monde pleure,
Mais nos pleurs ne le sauvent pas.
Helas! helas!
LE CHOEUR.

Helas! helas! helas!

SCENE TROISIE'ME.

LE CHOEUR, ADMETE, PHERES, CLEANTE.

LE CHOEUR.

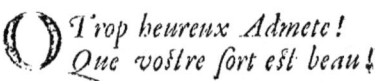
O Trop heureux Admete!
Que vostre sort est beau!

PHERES & CLEANTE.

Quel changement! quel bruit nouveau!
LE CHOEUR.
O trop heureux Admete!
Que vostre sort est beau!

PHERES & CLEANTE voyant Admete guery.

L'effort d'une Amitié parfaite
L'a sauvé du Tombeau.

PHERES embrassant Admete.

O trop heureux Admete!
Que vostre sort est beau!
LE CHOEUR.
O trop heureux Admete!
Que vostre sort est beau!
ADMETE.

Qu'une Pompe funebre
Rende à jamais celebre
Le genereux effort
Qui m'arrache à la Mort.

Alceste n'aura plus d'allarmes,
Ie reverray ses yeux charmants
A qui j'ay cousté tant de larmes:
    Que la vie a de charmes
    Pour les heureux Amants!

Achevez, Dieux des Arts, faites nous voir l'Image
Qui doit éternifer la grandeur de courage
  De qui s'eft immolé pour moy ;
  Ne differez point d'avantage . . .
  Ciel! ô Ciel! qu'eft-ce que je voy !

L'Autel s'ouvre, & l'on voit fortir l'Image d'Alcefte qui fe perce le fein.

SCENE QUATRIÉME.

CEPHISE, ADMETE, PHERES, CLEANTE, LE CHOEUR.

CEPHISE.

Alcefte eft morte.

ADMETE.

Alcefte eft morte !

LE CHOEUR.

Alcefte eft morte.

CEPHISE.

Alcefte a fatisfait les Parques en courroux ;
Voftre Tombeau s'ouvroit, elle y defcend pour vous,
Elle-mefme a voulu vous en fermer la porte ;
  Alcefte eft morte.

ADMETE.

Alceste est morte!

LE CHOEUR.

Alceste est morte:

CEPHISE.

J'ay couru, mais trop tard pour arrester ses coups:
Iamais en faveur d'un Espoux
On ne verra d'ardeur si fidelle & si forte ;
Alceste est morte.

ADMETE.

Alceste est morte!

LE CHOEUR.

Alceste est morte.

CEPHISE.

Sujets, Amis, Parents, vous abandonnoient tous;
Sur les Droits les plus forts, sur les Nœuds les plus
doux,
L'Amour, le tendre Amour l'emporte:
Alceste est morte.

ADMETE.

Alceste est morte!

LE CHOEUR.

Alceste est morte.

Admete tombe accablé de douleur entre les bras de sa suite.

SCENE CINQUIE'ME.

Troupe de Femmes affligées, Troupe d'Hommes desolez, qui portent des fleurs, & tous les ornements qui ont servy à parer Alceste.

TOUS ENSEMBLE.

Formons les plus lugubres chants,
Et les regrets les plus touchants.

UNE FEMME AFFLIGE'E.

La Mort, la Mort barbare,
Détruit aujourd'huy mille appas.
Quelle Victime, helas !
Fut jamais si belle, & si rare ?
La Mort, la Mort barbare
Détruit aujourd'huy mille appas.

UN HOMME DESOLE'.

Alceste si jeune, & si belle,
Court se precipiter dans la Nuit eternelle,
Pour sauver ce qu'elle aime elle a perdu le jour.

LE CHOEUR.

O trop parfait Modelle
D'une Espouse fidelle !
O trop parfait Modele
D'un veritable Amour.

UNE FEMME AFFLIGE'E.
Que noſtre Zéle ſe partage;
Que les uns par leurs chants celebrent ſon courage,
Que d'autres par leurs cris déplorent ſes malheurs:
LE CHOEUR.
Rendons hommage
A ſon Image;
Iettons des fleurs,
Verſons des pleurs.
UNE FEMME AFFLIGE'E.
Alceſte, la Charmante Alceſte,
La fidelle Alceſte n'eſt plus.
LE CHOEUR.
Alceſte, la Charmante Alceſte,
La fidelle Alceſte n'eſt plus.
UNE FEMME AFFLIGE'E.
Tant de beautez, tant de vertus,
Meritoient un ſort moins funeſte.
LE CHOEUR.
Alceſte, la Charmante Alceſte,
La fidelle Alceſte n'eſt plus.

Un tranſport de douleur ſaiſit les deux Troupes affligées, une partie déchire ſes habits, l'autre s'arrache les cheveux, & chacun briſe au pied de l'Image d'Alceſte les ornements qu'il porte à la main.

LE CHOEUR.
Rompons, brisons le triste reste
De ces Ornemens superflus.

Que nos pleurs, que nos cris renouvellent sans cesse
Allons porter par tout la douleur qui nous presse.

SCENE SIXIE'ME

ADMETE, PHERES, CE'PHISE, CLEANTE, suite.

ADMETE revenu de son évanoüissement, & se voyant desarmé.

Sans Alceste, sans ses appas,
Croyez-vous que je puisse viure!
Laissez-moy courir au Trespas
Où ma chere Alceste se liure.
Sans Alceste, sans ses appas,
Croyez-vous que je puisse viure?
C'est pour moy qu'elle meurt, helas!
Pourquoy m'empescher de la suivre?
Sans Alceste, sans ses appas,
Croyez-vous que je puisse viure?

SCENE SEPTIEME.
ALCIDE, ADMETE, PHERES, CEPHISE, CLEANTE.

ALCIDE.

TU me vois arresté sur le point de partir
Par les tristes clameurs qu'on entend retentir.

ADMETE.

Alceste meurt pour moy par une amour extresme,
Ie ne reverray plus les yeux qui m'ont charmé :
  Helas ! j'ay perdu ce que j'aime
  Pour avoir esté trop aimé.

ALCIDE.

I'aime Alceste, il est temps de ne m'en plus deffendre;
Elle meurt, ton amour n'a plus rien à pretendre;
Admete, cede moy la Beauté que tu perds :
Au Palais de Pluton j'entreprends de descendre:
  I'iray jusqu'au fonds des Enfers
  Forcer la Mort à me la rendre.

ADMETE.

  Ie verrois encore ses beaux yeux?
Allez, Alcide, allez, reuenez glorieux,
  Obtenez qu'Alceste vous suive :
  Le Fils du plus puissant des Dieux
Est plus digne que moy du bien dont on me prive.

Allez, allez, ne tardez pas,
Arrachez Alceste au Trespas,
Et ramenez au jour son Ombre fugitive ;
Qu'elle vive pour Vous avec tous ses appas,
Admete est trop heureux pourveu qu'Alceste vive.

PHERES, CEPHISE, CLEANTE.
Allez, allez, ne tardez pas,
Arrachez Alceste au Trespas.

SCENE HUITIEME.

DIANE, MERCURE, ALCIDE, ADMETE, PHERES, CEPHISE, CLEANTE,
La Lune paroist, son Globe s'ouvre, & fait voir Diane sur un Nuage brillant.

DIANE.

LE Dieu dont tu tiens la naissance
Oblige tous les Dieux d'estre d'intelligence
 En faveur d'un dessein si beau ;
 Ie viens t'offrir mon assistance ;
 Et Mercure s'avance
Pour t'ouvrir aux Enfers un passage nouveau.

Mercure vient en volant frapper la Terre de son Caducée, l'Enfer s'ouvre, & Alcide y descend.

Fin du Troisiéme Acte.

ACTE QVATRIEME.

Le Theatre represente le Fleuve Acheron & ses sombres Rivages.

SCENE PREMIERE

CHARON, LES OMBRES.

CHARON, ramant dans sa Barque.

L faut passer tost ou tard,
Il faut passer dans ma Barque.
On y vient jeune, ou vieillard,
Ainsi qu'il plaist à la Parque;
On y reçoit sans égard,
Le Berger, & le Monarque.
Il faut passer tost ou tard,
Il faut passer dans ma Barque.

Vous qui voulez passer, venez, Manes errants,
 Venez, avancez, tristes Ombres,
 Payez le tribut que je prens,
Où retournez errer sur ces Rivages sombres.

Les Ombres.
Passe-moy, Charon, passe-moy.
Charon.
Il faut auparavant que l'on me satisfasse,
On doit payer les soins d'un si penible employ.
Les Ombres.
Passe-moy, Charon, passe-moy.

Charon fait entrer dans sa Barque les Ombres qui ont dequoy le payer.

Charon.
Donne, passe, donne, passe,
Demeure toy.
Tu n'as rien, il faut qu'on te chasse.
Une Ombre rebuttée.
Une Ombre tient si peu de place.
Charon.
Où paye, où tourne ailleurs tes pas.
L'Ombre.
De grace, par pitié, ne me rebutte pas.
Charon.
La pitié n'est point icy bas,
Et Charon ne fait point de grace.
L'Ombre.
Helas! Charon, helas! helas!

CHARON.

Crie helas! tant que tu voudras,
Rien pour rien, en tous lieux est une loy suivie:
Les mains vuides sont sans appas,
Et ce n'est point aßés de payer dans la vie.
Il faut encor payer au delà du Trépas.

L'OMBRE en se retirant.

Helas! Charon, helas! helas!

CHARON.

Il m'importe peu que l'on crie
Helas! Charon, helas! helas!
Il faut encor payer au delà du Trépas.

SCENE SECONDE.

ALCIDE, CHARON, LES OMBRES.

ALCIDE sautant dans la Barque.

Sortez, Ombres, faites moy place,
Vous passerez une autre fois.

Les Ombres s'enfuïent.

CHARON.

Ah ma Barque ne peut souffrir un si grand poids!

ALCIDE.

Allons, il faut que l'on me passe.

CHARON.

Retire toy d'icy, Mortel, qui que tu sois,
Les Enfers irritez puniront ton audace.

ALCIDE.

Passe-moy, sans tant de façons.

CHARON.

L'eau nous gagne, ma Barque créve.

ALCIDE.

Allons, rame, dépesche, achéve.

CHARON.

Nous enfonçons.

ALCIDE.

Passons, passons.

SCENE TROISIE'ME.

Le Theatre change, & represente le Palais de Pluton.

PLUTON, PROSERPINE, L'OMBRE D'ALCESTE, Suivans de Pluton.

PLUTON sur son Trône.

Reçoy le juste prix de ton amour fidelle;
Que ton Destin nouveau soit heureux à jamais:

Commence de gouter la douceur eternelle
D'une profonde paix.

SUIVANTS DE PLUTON.
Commence de goufter la douceur eternelle
D'une profonde paix.

PROSERPINE à cofté de PLUTON.
L'Efpouze de Pluton te retient auprés d'elle :
Tous tes vœux feront fatisfaits.

SUIVANTS DE PLUTON.
Commence de goufter la douceur eternelle
D'une profunde paix.

PLUTON & PROSERPINE.
En faveur d'une Ombre fi belle,
Que l'Enfer faffe voir tout ce qu'il a d'attraits.

SUIVANTS DE PLUTON.
En faveur d'une Ombre fi belle
Que l'Enfer faffe voir tout ce qu'il a d'attraits.

Les Suivants de Pluton fe réjoüiffent de la venuë d'Alcefte dans les Enfers, par une efpece de Fefte.

SUIUANTS DE PLUTON.
Tout mortel doit icy paroiftre,
On ne peut naiftre,
Que pour mourir :
De cent maux le Trépas délivre ;

Qui

  Qui cherche à vivre
  Cherche à souffrir.
Venez tous, sur nos sombres bords.
  Le Repos qu'on desire
  Ne tient son Empire
 Que dans le sejour des Morts.

Chacun vient icy bas prendre place,
  Sans cesse on y passe,
  Iamais on n'en sort.
 C'est pour tous une loy necessaire;
  L'effort qu'on peut faire
  N'est qu'un vain effort :
   Est on sage
  De fuïr ce passage ?
   C'est un orage
  Qui meine au Port.
Chacun vient icy bas prendre place,
  Sans cesse on y passe,
  Iamais on n'en sort.
   Tous les charmes,
  Plaintes, cris, larmes,
  Tout est sans armes
  Contre la Mort.
Chacun vient icy bas prendre place,
  Sans cesse on y passe,
  Iamais on n'en sort.

SCENE QUATRIEME.

ALECTON, PLVTON, PROSERPINE,
L'OMBRE D'ALCESTE, SUIVANTS
DE PLUTON.

ALECTON.

Quittez, quittez, les Ieux, songez à vous deffendre,
Contre un Audacieux unissons nos efforts :
Le Fils de Iupiter vient icy de descendre
Seul, il ose attaquer tout l'Empire des Morts.

PLUTON.

Qu'on arreste, ce Temeraire,
Armez vous, Amis, armez vous,
Qu'on deschaine, Cerbere,
Courez tous, courez tous,
On entend aboyer Cerbere.

ALECTON.

Son bras abat tout ce qu'il frape.
Tout cede à ses horribles coups.
Rien ne resiste, rien n'eschape.

SCENE CINQUIE'ME.
ALCIDE, PLUTON, PROSERPINE, ALECTON, Suivants de Pluton.

PLUTON voyant Alcide qui enchaine cerbere.

INsolent jusqu'icy braves-tu mon courroux?
Qu'elle injuste audace t'engage,
A troubler la paix de ces lieux?

ALCIDE.
Ie suis né ponr dompter la rage
Des Monstres les plus furieux.

PLUTON.
Est-ce le Dieu jaloux qui lance le Tonnerre
Qui t'oblige à porter la guerre
Iusqu'au centre de l'Vnivers?
Il tient sous son pouvoir & le Ciel & la Terre,
Veut-il encor ravir l'Empire des Enfers?

ALCIDE.
Non, Pluton regne en paix, joüis de ton partage;
Ie viens chercher Alceste en cét affreux Séjour
Permets que je la rende au jour,
Ie ne veux point d'autre avantage.
Si c'est te faire outrage
D'entrer par force dans ta Cour

Pardonne à mon Courage
Et fais grace à l'Amour.

PROSERPINE.

Un grand Cœur peut tout quand il aime,
Tout doit ceder à son effort.
C'est un Arrest du Sort,
Il faut que l'Amour extresme
  Soit plus fort
  Que la Mort.

PLUTON.

Les Enfers, Pluton luy-mesme,
Tout doit en estre d'accord;
Il faut que l'Amour extresme
  Soit plus fort
  Que la Mort.

SUIVANTS DE PLUTON.

Il faut que l'Amour extresme
  Soit plus fort
  Que la Mort.

PLUTON.

Que pour revoir le jour l'Ombre d'Alceste sorte;

Pluton donne un coup de son Trident & fait sortir son Char.

Prenez place tous deux au Char dont je me sers:
 Qu'au gré de vos vœux, il vous porte;

Partez, les chemins sont ouverts.
Qu'une volante Escorte
Vous conduise au travers
Des noires vapeurs des Enfers.

Alcide & l'Ombre d'Alceste se placent sur le Char de Pluton qui les enleve sous la conduite d'une Troupe volante de Suivants de Pluton.

Fin du quatriéme Acte.

ACTE CINQUIEME.

Le Théatre change, & represente un Arc de Triomphe au milieu de deux Amphitéatres, où l'on void une multitude de différents Peuples de la Gréce assemblez pour recevoir Alcide Triomphant des Enfers.

SCENE PREMIERE.

ADMETE, LE CHOEUR.

ADMETE.

Alcide est vainqueur du Trépas,
L'Enfer ne luy résiste pas.
Il rameine Alceste vivante;
Que chacun chante
Alcide est vainqueur du Trépas,
L'Enfer ne luy résiste pas.

LE CHOEUR sur l'Arc de Triomphe & sur les Amphiteatres.

Alcide est vainqueur du Trépas
L'Enfer ne luy résiste pas.

ADMETE.

Quelle douleur secrette
Rend mon ame inquiette,
Et trouble mon amour.
Alceste voit encor le jour
Mais c'est pour un autre qu'Admete.

LE CHOEUR.

Alcide est vainqueur du Trépas
L'Enfer ne luy résiste pas.

ADMETE.

Ah du moins cachons ma tristesse;
Alceste dans ces Lieux rameine les plaisirs.
Ie dois rougir de ma foiblesse
Quelle honte à mon cœur de mesler des souspirs
Avec tant de cris d'allégresse.

LE CHOEUR.

Alcide est vainqueur du Trépas,
L'Enfer ne luy résiste pas.

ADMETE.

Par une ardeur impatiente
Courons, & devançons ses pas.
Il rameine Alceste vivante,
Que chacun chante.

ADMETE & LE CHOEUR.

Alcide est vainqueur du Trépas.
L'Enfer ne luy résiste pas.

SCENE SECONDE.

LYCHAS, STRATON enchaîné.

STRATON.

NE m'osteras-tu point la chaîne qui m'accable,
Dans ce jour destiné pour tāt d'aimables jeux;
Ah qu'il est rigoureux
D'estre seul miserable
Quand on voit tout le monde heureux!

LYCHAS mettant Straton en liberté.

Aujourd'huy qu'Alcide rameine
Alceste des Enfers,
Ie veux finir ta peine.
Qu'on ne porte plus d'autres fers
Que ceux dont l'Amour nous enchaine.

STRATON & LYCHAS.

Qu'on ne porte plus d'autres fers
Que ceux dont l'Amour nous enchaine.

SCENE TROISIEME.

CEPHISE, LYCHAS, STRATON.

LYCHAS & STRATON.

Voy, Céphise, voy qui de nous

Peut,

Peut rendre ton destin plus doux,
Et termine enfin nos querelles.

LYCHAS.

Mes amours seront eternelles.

STRATON.

Mon cœur ne sera plus jaloux.

LYCHAS & STRATON.

Entre deux Amants fidelles,
Choisis un heureux Espoux.

CEPHISE.

Ie n'ay point de choix à faire;
Parlons d'aimer & de plaire,
Et vivons toûjours en paix.
L'Himen détruit la tendresse,
Il rend l'Amour sans attraits;
Voulez-vous aimer sans cesse,
Amants, n'espousez jamais.

CEPHISE, LYCHAS & STRATON.

L'Himen détruit la tendresse,
Il rend l'Amour sans attraits;
Voulez-vous aimer sans cesse,
Amants n'espousez jamais.

CEPHISE.

Prenons part aux transports d'une joye éclatante :
Que chacun chante.

TOUS ENSEMBLE.

Alcide est vainqueur du Trépas
L'Enfer ne luy resiste pas.
Il rameine Alceste vivante,
 Que chacun chante
Alcide est vainqueur du Trépas
L'Enfer ne luy resiste pas.

SCENE QUATRIEME.

ALCIDE, ALCESTE, ADMETE, CEPHISE,
LYCHAS, STRATON, PHERES, CLEANTE,
LE CHOEUR.

ALCIDE.

Pour une si belle victoire
 Peut-on avoir trop entrepris ?
Ah qu'il est doux de courir à la gloire
Lors que l'Amour en doit donner le prix !

Vous détournez vos yeux ! je vous trouve insensible ?
Admete a seul icy vos regards les plus doux ?

ALCESTE.

Ie fais ce qui m'est possible
Pour ne regarder que vous.

ALCIDE.

Vous devez suivre mon envie,
C'est pour moy qu'on vous rend le jour.

ALCESTE.
Ie n'ay pû reprendre la vie
Sans reprendre auſſi mon amour.
ALCIDE.
Admete en ma faveur vous a cedé luy-meſme.
ADMETE.
Alcide pouvoit ſeul vous oſter au Trépas.
Alceſte, vous vivez, je revoy vos appas,
Ay-je pû trop payer cette douceur extreſme.
ADMETE & ALCESTE.
Ah que ne fait-on pas
Pour ſauver ce qu'on aime!
ALCIDE.
Vous ſoûpirez tous deux au gré de vos deſirs;
Eſt-ce ainſi qu'on me tient parole?
ADMETE & ALCESTE enſemble.
Pardonnez aux derniers ſoûpirs
D'un mal-heureux Amour qu'il faut qu'on vous immole.
Alceſte. } *il ne faut plus nous voir.*
Admete. }
D'un autre que { *de moy voſtre ſort* } *doit dépendre*
{ *de vous mon deſtin* }
Il faut dans les grands Cœurs que l'Amour le plus tendre
Soit la Victime du Devoir.

I ij

Alceste.
Admete. } *il ne faut plus nous voir*

Admete se retire, & Alceste offre sa main à Alcide qui arreste Admete, & luy cede la main qu'Alceste luy presente.

ALCIDE.

Non, non, vous ne devez pas croire
Qu'un Vainqueur des Tirans soit Tiran à son tour:
Sur l'Enfer, sur la Mort, j'emporte la victoire;
Il ne manque plus à ma gloire
Que de triompher de l'Amour.

ADMETE & ALCESTE.

Ah quelle gloire extresme !
Quel heroïque effort !
Le Vainqueur de la Mort
Triomphe de luy-mesme.

SCENE CINQUIE'ME.

APOLLON, LES MUSES, LES JEUX, ALCIDE, ADMETE, ALCESTE, & leur Suitte.

Apollon descend dans un Palais éclatant au milieu des Muses & des Jeux qu'il ameine pour prendre part à la joye d'Admete & d'Alceste, & pour celebrer le Triomphe d'Alcide.

APOLLON.

Es Muses & les Ieux s'empressent de descendre,
Apollon les conduit dans ces aimables Lieux.
Vous, à qui j'ay pris soin d'aprendre
A chanter vos Amours sur le ton le plus tendre,
Bergers, chantez avec les Dieux.
Chantons, chantons, faisons entendre
Nos chansons jusques dans les Cieux.

SCENE SIXIÉME ET DERNIERE.

Une Troupe de Bergers & de Bergeres, & une Troupe de Pastres, dont les uns chantent & les autres dancent, viennent par l'ordre d'Apollon contribuer à la réjoüissance.

LES CHOEURS DES MUSES, DES THESSALIENS & des Bergers chantent ensemble.

Chantons, chantons, faisons entendre
Nos chansons jusques dans les Cieux.

Straton chante au milieu des Pastres dançants.

A Quoy bon
Tant de raison
Dans le bel âge?
A quoy bon
Tant de raison
Hors de saison?

Qui craint le danger
De s'engager
Est sans courage :
Tout rit aux Amants,
Les Ieux charmants
Sont leur partage :
Tost, tost, tost, soyons contents,
Il vient un temps
Qu'on est trop sage.

Céphise chante au milieu des Bergers & des Bergeres qui dancent.

C'Est la saison d'aimer
Quand on sçait plaire,
C'est la saison d'aimer
Quand on sçait charmer.
Les plus beaux de nos jours ne durent guere,
Le sort de la Beauté nous doit allarmer,
Nos Champs n'ont point de Fleur plus passageres;
C'est la saison d'aimer
Quand on sçait plaire,
C'est la saison d'aimer
Quand on sçait charmer.
Un peu d'amour est necessaire,
Il n'est jamais trop tost de s'enflamer ;
Nous donne-ton un cœur pour n'en rien faire ?
C'est la saison d'aimer
Quand on sçait plaire,

C'est la saison d'aimer
Quand on sçait charmer.

La Troupe des Bergers dance avec la Troupe des Pastres. Les Chœurs se respondent les uns aux autres, & s'unissent enfin tous ensemble.

LES CHOEURS.

TRiomphez, genereux Alcide,
Aimez en paix heureux Espoux.
Que { *toûjours la Gloire* } *vous guide.*
      { *sans cesse l'Amour* }
Ioüissez à jamais des { *honneurs* } *les plus doux.*
                        { *plaisirs* }

Triomphez, genereux Alcide,
Aimez en paix heureux Espoux.

Apollon vole avec les Ieux.

Fin du cinquiéme & dernier Acte.

PERMISSION
POUR TENIR ACADEMIE ROYALE de Musique, en faveur du sieur Lully.

LOUIS PAR LA GRACE DE DIEU, ROY DE FRANCE ET DE NAVARRE: A tous presens & à venir, Salut. Les Sciences & les Arts estans les Ornemens les plus considerables des Estats, Nous n'avons point eû de plus agréables divertissemens, depuis que Nous avons donné la Paix à nos Peuples, que de les faire revivre, en appelant prés de Nous tous ceux qui se sont acquis la reputation d'y exceller, non seulement dans l'étenduë de nostre Royaume; mais aussi dans les Païs Estrangers: Et pour les obliger d'avantage de s'y perfectionner, Nous les avons honorez des marques de nostre estime, & de nostre bien-veillance. Et comme entre les Arts Libéraux la Musique y tient vn des premiers rangs, Nous aurions dans le dessein de la faire reüssir avec tous ces avantages, par nos Lettres Patentes du vingt-huitiéme Juin 1669. accordé au sieur Perrin vne Permission d'établir à nostre bonne Ville de Paris, & autres de nostre Royaume, des Académies de Musique pour chanter en Public des Pieces de Théatre, comme il se pratique en Italie, en Allemagne, & en Angleterre, pendant l'espace de douze années: Mais ayant esté depuis informez, que les peines & les soins que ledit sieur Perrin a pris pour cét établissement, n'ont pû seconder pleinement nost

fique au point que nous nous l'eſtions promis, Nous avons crû pour y mieux reüſſir, qu'il eſtoit à propos d'en donner la conduite à vne perſonne dont l'experience & la capacité nous fuſſent connuës, & qui euſt aſſez de ſuffiſance pour fournir des eſleves, tant pour bien chanter & actionner ſur le Théatre, qu'à dreſſer des bandes de Violons, Flûtes & autres Inſtrumens. A CES CAUSES, bien informez de l'intelligence & grande connoiſſance que s'eſt acquis noſtre cher & bien amé Iean-Baptiſte Lully au fait de la Muſique, dont il nous a donné & donne journellement de tres-agreables preuves depuis pluſieurs années qu'il s'eſt attaché à noſtre ſervice, qui nous ont convié de l'honorer de la Charge de Sur-Intendant & Compoſiteur de la Muſique de noſtre Chambre, Nous avons audit Sieur Lully permis & accordé, permettons & accordons par ces preſentes ſignées de noſtre main, d'établir une Academie Royale de Muſique dans noſtre bonne Ville de Paris, qui ſera compoſée de tel nombre, & qualité de perſonnes qu'il aviſera bon eſtre, que nous choiſirons & arreſterons ſur le rapport qu'il nous en fera, pour faire des repreſentations devant Nous quand il nous plaira, des pieces de Muſique qui ſeront compoſées, tant en vers François, qu'autres Langues eſtrangeres, pareilles & ſemblables aux Académies d'Italie, pour en joüir ſa vie durant, & aprés luy celuy de ſes enfans qui ſera pourveu & receu en Survivance de ladite Charge de Sur-Intendant de la Muſique de noſtre Chambre, avec pouvoir d'aſſocier avec luy qui bon luy ſemblera, pour l'établiſſement de ladite Académie, & pour le dédomager des grands frais qu'il conviendra faire pour leſdites Repreſentations, tant à cauſe des Théatres, Machines,

luy permettons de donner au public toutes les pieces qu'il aura composée, mesme celles qui auront esté representée devant Nous, sans neantmoins qu'il puisse se servir pour l'execution desd. pieces des Musiciens qui sont à nos gages : Comme aussi de prendre telles sommes qu'il jugera à propos, & d'établir des Gardes & autres gens necessaires aux portes des lieux où se feront lesdites Representations: Faisant tres-expresses inhibitions & deffenses à toutes personnes de quelque qualité & condition qu'elles soient, mesme aux Officiers de nostre Maison d'y entrer sans payer. Comme aussi de faire chanter aucune piece entiere en Musique, soit en vers François ou autres Langues, sans la permission par écrit dudit S.r Lully, à peine de dix mil liv. d'amende & de confiscation des Théatres, Machines, Décorations, Habits & autres choses, applicable un tiers à Nous, un tiers à l'Hôpital Général, & l'autre tiers audit S.r Lully, lequel pourra aussi établir des Escoles particulieres de Musique en nostre bonne Ville de Paris, & par tout où il jugera necessaire, pour le bien & l'avantage de ladite Académie Royale; Et d'autant que nous érigeons sur le pied de celles des Académies d'Italie où les Gentilshommes chantent publiquement en Musique, sans déroger. VOULONS & Nous plaist, que tous Gentilshommes & Damoiselles puissent chanter ausdites Pieces & Representations de nostredite Académie Royale, sans que pour ce ils soient censez déroger audit Tiltre de Noblesse & à leurs Priviléges, Charges, Droits & Immunitez: Revoquons, cassons, & annullons par cesdites Presentes, toutes permissions & Priviléges que nous pourrions avoir cy-devant donnez & accordez, mesme celuy dudit Perrin, pour raison desdites Pieces de Theatres en Mu-

conditions & pretextes que ce puiſſe eſtre. Si donnons en mandement à nos amez & feaux Conſeillers les gens tenans noſtre Cour de Parlement à Paris, & autres nos Juſticiers & Officiers qu'il appartiendra, que ces preſentes ils ayent à faire lire, publier & enregiſtrer, & du contenu en icelles, faire joüir & uſer ledit Expoſant pleinement & paiſiblement, ceſſant & faiſant ceſſer tous troubles & empeſchemens au contraire : Car tel eſt noſtre plaiſir : Et afin que ce ſoit choſe ferme & ſtable à toûjours, Nous avons fait mettre noſtre Scel à ceſdites preſentes. DONNE' à Verſailles au mois de Mars, l'an de grace mil ſix cens ſoixante-douze, Et de noſtre Regne le vingt-neufiéme. Signé, LOUIS. Et à coſté *Viſa*, LOUIS. Et plus bas, Par le Roy, COLBERT.

Et encore eſt écrit.

Regiſtrées, oüy le Procureur Général du Roy, pour eſtre executées & joüir par l'impetrant de l'effet & contenu en icelles, ſelon leur forme & teneur, ſuivant l'Arreſt de ce jour. A Paris en Parlement, le vingt-ſeptiéme Iuin mil ſix cens ſoixante-douze. Signé, ROBERT.

PRIVILEGE DU ROY.

LOUIS par la grace de Dieu, Roy de France & de Navarre : A nos amez & feaux Conſeillers les gens tenans nos Cours de Parlement, Maiſtres des Requeſtes ordinaires de noſtre Hoſtel, & du Palais, Baillifs, Seneſchaux, & leurs Prevoſts, & leurs Lieutenans, & tous autres nos Iuſticiers & Officiers qu'il appartiendra, Salut. Noſtre bien amé Iean Baptiſte Lully, Sur-Intendant de la Muſique de noſtre Chambre, Nous a fait remontrer que les Airs d Muſique qu'il a cy-devant compoſez, ceux qu'il compoſe journellement par nos ordres, & ceux qu'il ſera obligé de compoſer à l'avenir pour les pieces qui ſeront repreſentées par l'Academie Royale de Muſique, laquelle nous luy avons permis d'établir en noſtre bonne Ville de Paris, & autres lieux de noſtre Royaume où bon luy ſemblera, eſtant purement de ſon invention, & de telle qualité que le moindre changement ou obmiſſion leur fait perdre
 ſa force, ou comme ſon eſprit ſeul les produit pour les

appliquer aux sujets qu'il y trouve proportionnez, nul autre ne peut si bien que luy rendre lesdits Ouvrages publics dans leur perfection & avec l'exactitude qui leur est deuë. Et d'ailleurs il est juste que si leur impression doit apporter quelque avantage, il revienne plustost à l'Autheur pour le recompenser de son travail, & de partie des frais qu'il avance pour l'execution des desseins qu'il doit faire representer par ladite Academie, qu'à de simples copistes qui les imprimeroient sous pretexte de permissions generales ou particulieres qu'ils peuvent avoir obtenuës par surprises ou autrement ; ce qui l'oblige d'avoir recours à nos Lettres sur ce necessaires. A CES CAUSES, voulans favorablement traitter l'Exposant, Nous luy avons permis & accordé, permettons & accordons par ces présentes, de faire imprimer par tel Libraire ou Imprimeur, en tel volume, marge, caractere, & autant de fois qu'il voudra, avec Planches & Figures, tous & chacuns les Airs de Musique qui seront par luy faits; comme aussi les Vers, Paroles, Sujets, Desseins & Ouvrages sur lesquels lesdits Airs de Musique auront esté composez sans en rien excepter, & ce pendant le temps de trente années consecutives, à commencer du jour que chacun desdits Ouvrages seront achevez d'imprimer, iceux vendre & débiter dans tout nostre Royaume, par luy ou par autre ainsi que bon luy semblera, sans qu'aucun trouble ny empeschement quelconque luy puisse estre apporté, mesme par ceux qui pretendent avoir de Nous Privilege pour l'impression des Airs de Musique & Ballets, lesquels pour ce regard en tant que besoin est ou seroit, nous avons revoqué & revoquons par cesdites presentes, faisant tres-expresses inhibitions & défenses à tous Libraires, Imprimeurs, Colporteurs, & autres personnes de quelque qualité qu'elles soient, d'imprimer, faire imprimer, vendre & distribuer lesdites Pieces de Musique, Vers, Paroles, Desseins, Sujets, & generalement tout ce qui a esté & sera composé par ledit Lully, sous quelque pretexte que ce soit, mesme d'impression étrangere & autrement, sans son consentement ou de ses ayans cause, sur peine de confiscation des Exemplaires contrefaits, dix mil liv. d'amende tant contre ceux qui les auront imprimez & vendus, que contre ceux qui s'en trouveront saisis, & de tous dépens, dommages & interests; à la charge d'en mettre deux exemplaires en nostre Bibliotheque publique, vn en nostre Cabinet des Livres de nostre Chasteau du Louvre, & vn en celle de nostre tres cher & feal Chevalier Garde des Sceaux de France le sieur d'Aligre, à peine de nullité des presentes, du contenu desquelles vous mandons & enjoignons faire ioüir l'Exposant & ses ayans cause pleinement & paisiblement, cessant & faisant cesser tous troubles & empeschemens au contraire; Voulons qu'en mettant au commencement ou à la fin desdits Livres l'extrait des presentes elles soient tenuës deuëment signifiées, & qu'aux copies collationnées par l'vn de nos amez & feaux Secretaires, foy soit aioustée comme à l'Original. Mandons au premier nostre Huissier ou Sergent, faire pour l'execution des presentes, toutes significations, deffenses, saisies, & autres actes requis & necessaires, sans pour ce demander autre permission, nonobstant oppositions ou appellations quelconques, dont si aucunes interviennent, Nous nous en reservons & à nostre Conseil la connoissance, & icelle interdisons & deffendons à tous autres Iuges: CAR tel est nostre plaisir. Donné à Versailles le vingtiéme iour de Septembre, l'an de grace mil six cens soixante-douze, & de nostre Regne le trentiéme. Signé, LOVIS. Et plus bas, Par le Roy, COLBERT. Et scellé du grand Sceau de cire iaune.

www.ingramcontent.com/pod-product-compliance
Lightning Source LLC
LaVergne TN
LVHW050620090426
835512LV00008B/1582